THIS JOURNAL
BELONGS TO:

_____

There are no gardening mistakes, only experiments.

— Janet Kilburn Phillips

CONTENTS

Gardening experts all agree that a gardening journal is your most valuable tool when trying to grow plants that thrive. A serious gardener will find that keeping a log of their gardening activities is practical and a wonderful way to engage more fully in the joy of raising plants, whether for aesthetic value or for nutrition. The purpose of this journal is to help you focus on recording your observations and experiences over the course of four years. You can start this journal in any season, but late winter is usually the best time. This is when a gardener's thoughts turn to what the next growing season might offer in the way of bounty and challenges. Planning and designing your garden for the year is a wonderful way to pass those cold months before the warmer days of early spring.

There is plenty of room for you to log the history of individual plants over the course of four years. Keep track of what worked and what didn't each year all on the same page. Having a chance to look back and see that you tried a particular fertilizer or moved your location will help you refine your gardening knowledge and improve future gardens.

Mostly, we want you to have something to write about on those warm summer evenings after weeding and watering and to wistfully review on those long winter nights. One thing we know is that gardening is a passion that knows no seasons.

Happy planting!

HEAT ZONES

Plant hardiness zones—also known as planting or growing zones—help gardeners understand which plants can survive their region's climate. The maps here show the average lowest temperatures for Canada and the U.S. Find out which planting zone you're located in and grow the best garden possible.

RANGE OF AVERAGE ANNUAL EXTREME MINIMUM TEMPERATURE

TEMP (°F)	ZONE	TEMP (°C)
-70 to -60	0a/b	-56.7 to -51.1
-60 to -55	1a	-51.1 to -48.3
-55 to -50	1b	-48.3 to -45.6
-50 to -45	2a	-45.6 to -42.8
-45 to -40	2b	-42.8 to -40.0
-40 to -35	3a	-40.0 to -37.2
-35 to -30	3b	-37.2 to -34.4
-30 to -25	4a	-34.4 to -31.7
-25 to -20	4b	-31.7 to -28.9
-20 to -15	5a	-28.9 to -26.1
-15 to -10	5b	-26.1 to -23.3
-10 to -5	6a	-23.3 to -20.6
-5 to 0	6b	-20.6 to -17.8
0 to 5	7a	-17.8 to -15.0
5 to 10	7b	-15.0 to -12.2

TEMP (°F)	ZONE	TEMP (°C)
10 to 15	8a	-12.2 to -9.4
15 to 20	8b	-9.4 to -6.7
20 to 25	9a	-6.7 to -3.9
25 to 30	9b	-3.9 to -1.1

FROM NATURAL RESOURCES CANADA WEBSITE, *WWW.PLANTHARDINESS.GC.CA*

CANADA

Resolute

Cambridge Bay

N U N A V U T

IQALUIT

IFE

Rankin Inlet

NEWFOUNDLAND AND LABRADOR
TERRE-NEUVE-ET-LABRADOR

Kuujjuaq

Churchill

Happy Valley-
Goose Bay

ST JOHN'S

he

Chisasibi

Q U É B E C

HEWAN   M A N I T O B A

xatoon

Q U É B E C

P E I
Î-P-É

CHARLOTTETOWN

N-B
N-B

FREDERICTON

WINNIPEG

Kenora

O N T A R I O

QUÉBEC

HALIFAX

Brandon

Thunder
Bay

NOVA SCOTIA
NOUVELLE-ÉCOSSE

Sault
Ste Marie

Montreal

OTTAWA

TORONTO

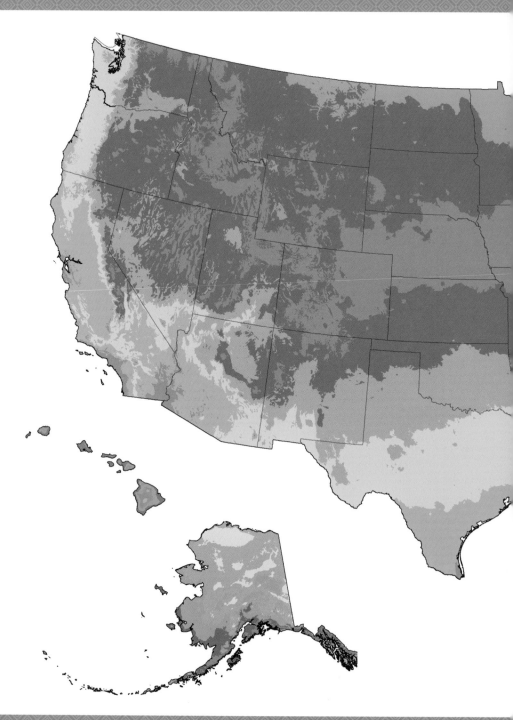

UNITED STATES

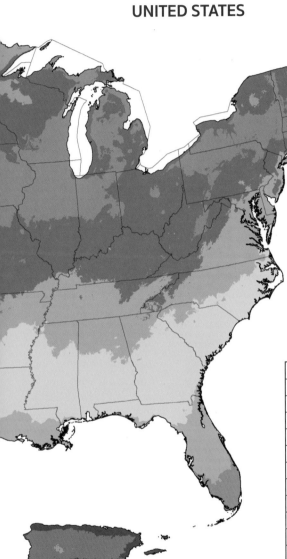

AVERAGE ANNUAL EXTREME MINIMUM TEMPERATURE 1976–2005

TEMP (°F)	ZONE	TEMP (°C)
-60 to -50	1	-51.1 to -45.6
-50 to -40	2	-45.6 to -40
-40 to -30	3	-40 to -34.4
-30 to -20	4	-34.4 to -28.9
-20 to -10	5	-28.9 to -23.3
-10 to 0	6	-23.3 to -17.8
0 to 10	7	-17.8 to -12.2
10 to 20	8	-12.2 to -6.7
20 to 30	9	-6.7 to -1.1
30 to 40	10	-1.1 to 4.4
40 to 50	11	4.4 to 10
50 to 60	12	10 to 15.6
60 to 70	13	15.6 to 21.1

FROM THE UNITED STATES DEPARTMENT OF AGRICULTURE (USDA) WEBSITE, *WWW.PLANTHARDINESS.ARS.USDA.GOV.*

TOOLS CHECKLIST

Gardeners need tools to help them get the job done quickly and efficiently. Here is a list to help you get started, but don't feel like you need everything on this list all at once. Building up your tool inventory will take time and money, so buy them as you need them. Remember to clean your tools after each use to avoid having to replace them often. Store all your tools in the same place so you can easily find what you need with little to no effort.

- Gloves
- Kneepads
- Galoshes
- Gardening hat
- Tool bucket/belt
- Garden waste bags
- Garden hose (with sprayer/water wand)
- Watering can
- Garden string/twine
- Hand trowel
- Bulb planter
- Dibber
- Hand pruners
- Spade
- Hand cultivator

- Hand rake
- Hand-weeding tool
- Garden scissors
- Pruning shears
- Wheelbarrow
- Stepladder
- Garden shears/hedge clippers
- Axe/pickax
- Hatchet
- Loppers
- Leaf rake
- Shovel
- Hoe
- Digging fork
- Pitchfork

COMPOST BIN RECORD

BIN#	DATE STARTED	DATE TURNED	READY TO USE

A garden is a grand teacher. It teaches patience and careful watchfulness; it teaches industry and thrift; above all it teaches entire trust.

— Gertrude Jekyll

SUN LOG

Photocopy this table and use it to assess potential crop areas. For a total survey, use it once a month throughout the growing season.

AREA:

HOUR	FULL SUN	PARTIAL SUN	FULL SHADE
6:00 a.m.			
6:30 a.m.			
7:00 a.m.			
7:30 a.m.			
8:00 a.m.			
8:30 a.m.			
9:00 a.m.			
9:30 a.m.			
10:00 a.m.			
10:30 a.m.			
11:00 a.m.			
11:30 a.m.			
12:00 p.m.			
12:30 p.m.			
1:00 p.m.			

A garden must combine the poetic and the mysterious with a feeling of serenity and joy.

— Luis Barragán

HOUR	FULL SUN	PARTIAL SUN	FULL SHADE
1:30 p.m.			
2:00 p.m.			
2:30 p.m.			
3:00 p.m.			
3:30 p.m.			
4:00 p.m.			
4:30 p.m.			
5:00 p.m.			
5:30 p.m.			
6:00 p.m.			
6:30 p.m.			
7:00 p.m.			
7:30 p.m.			
8:00 p.m.			
8:30 p.m.			

PICKING YOUR PLANTS

Use these pages as a guide to which vegetables and herbs to grow in a raised bed or container garden and which flowers are the best for attracting butterflies. This is not a complete list, but rather a place for you to get ideas before you get your hands dirty.

Raised bed: A raised-bed garden should be about 12" to 18" (30.5 to 45.7cm) deep and consist of a few different types of soil. Your soil mixture should be 60% topsoil, 30% compost, and 10% potting soil. Buy your soil in bulk by the cubic foot or cubic yard (liter), depending on the square area of your bed. Remember to have your stakes, ladders, and cages ready for when your taller plants can no longer stand on their own.

Container garden: The best way to plant a container garden is to fill the pot with soil until it is 2" to 3" (5 to 7.5cm) from the rim of the pot. Sow your seeds directly into the container's soil. Make sure to leave 3" to 4" (7.5 to 10cm) between each plant and thin them once the seedlings are about 3" to 4" (7.5 to 10cm) tall.

VEGETABLES

Arugula	French beans	Peppers	Squash
Beetroot	Kale	Perpetual spinach	Sweet corn
Broccoli	Leeks		Swiss chard
Brussels sprouts	Lettuce	Potatoes	Tomatoes
Cabbages	Onions	Radishes	
Carrots	Parsley	Snow peas	Turnips
Cucumbers	Parsnips	Spring onions	Zucchini

HERBS

Basil	Cilantro	Marjoram	Rosemary
Bay leaf	Dill	Mint	Sage
Chamomile	Garlic	Oregano	Tarragon
Chives	Lavender	Parsley	Thyme

BUTTERFLY GARDEN

Alyssum	Cosmos	Gomphrena	Salvias (blue and red)
Aster	Dianthus	Lantana	
Bee balm	Dogbane	Mallow	Shasta daisy
Butterfly bush	Dogwood	Marigold	Summer lilac
Calendula	Goldenrod	Purple coneflower	Verbena
			Zinnia

COMPANION PLANTING: *Plant these vegetables*

BEETROOT...

- BROCCOLI
- CABBAGES
- ONIONS
- KALE
- SWISS CHARD
- **BRUSSELS SPROUTS**

CARROTS...

- CABBAGES
- BEANS
- LEEKS
- PEAS
- ONIONS
- **LETTUCE**
- TOMATOES

LETTUCE...

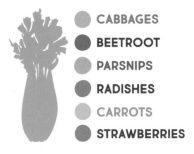

- CABBAGES
- **BEETROOT**
- PARSNIPS
- **RADISHES**
- CARROTS
- **STRAWBERRIES**

ONIONS...

- **BEETROOT**
- CABBAGES
- CARROTS
- LETTUCE
- PARSNIPS

POTATOES...

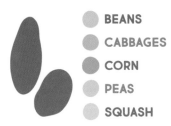

- BEANS
- CABBAGES
- CORN
- PEAS
- SQUASH

SQUASH...

- CORN
- **MELONS**
- PUMPKINS
- **RADISHES**
- MINT

...ogether to make the best use of space and to deter pests.

CORN...

- CUCUMBERS
- PARSLEY
- **MELONS**
- PEAS
- BEANS
- PUMPKINS

CUCUMBERS...

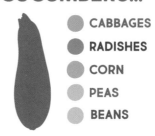

- CABBAGES
- **RADISHES**
- CORN
- PEAS
- BEANS

PEAS...

- CUCUMBERS
- **RADISHES**
- CARROTS
- PEAS
- BEANS
- **TURNIP**

PEPPERS...

- CARROTS
- **EGGPLANTS**
- **ONIONS**
- TOMATOES

STRAWBERRIES...

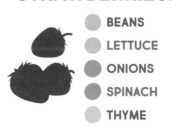

- BEANS
- LETTUCE
- **ONIONS**
- **SPINACH**
- THYME

TOMATOES...

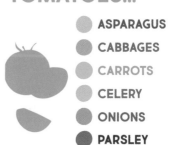

- ASPARAGUS
- CABBAGES
- CARROTS
- CELERY
- ONIONS
- **PARSLEY**

*To plant a garden
is to believe
in tomorrow.*

— Audrey Hepburn

YEARLY GARDEN
DESIGNS AND GOALS

GARDEN LAYOUT

GROWING SEASON:

_____

Goals for the year: _____

_____

_____

Soil maintenance and development: _____

_____

_____

Soil pH:_____

Weather conditions and occurrences for the year: _____

_____

_____

General pests and diseases:_____

_____

_____

Reflections: _____

_____

_____

GARDEN LAYOUT

GROWING SEASON:

_____

Goals for the year: _____

_____

_____

Soil maintenance and development: _____

_____

_____

Soil pH:_____

Weather conditions and occurrences for the year: _____

_____

_____

General pests and diseases:_____

_____

_____

Reflections: _____

_____

_____

GARDEN LAYOUT

GROWING SEASON:

_____

Goals for the year: _____

_____

_____

Soil maintenance and development: _____

_____

_____

Soil pH:_____

Weather conditions and occurrences for the year: _____

_____

_____

General pests and diseases:_____

_____

_____

Reflections: _____

_____

_____

GARDEN LAYOUT

GROWING SEASON:

_____

Goals for the year: _____

_____

_____

Soil maintenance and development: _____

_____

_____

Soil pH:_____

Weather conditions and occurrences for the year: _____

_____

_____

General pests and diseases:_____

_____

_____

Reflections: _____

_____

_____

Everything that slows us down and forces patience, everything that sets us back into the slow circles of nature, is a help. Gardening is an instrument of grace.

—May Sarton

PESTS AND DISEASES LOGS

YEAR: _____

PESTS (animals/insects)	PLANTS AFFECTED	SOLUTION

DISEASES	PLANTS AFFECTED	SOLUTION

YEAR: _____

PESTS (animals/insects)	PLANTS AFFECTED	SOLUTION

DISEASES	PLANTS AFFECTED	SOLUTION

YEAR: _____

PESTS (animals/insects)	PLANTS AFFECTED	SOLUTION

DISEASES	PLANTS AFFECTED	SOLUTION

YEAR: _____

PESTS (animals/insects)	PLANTS AFFECTED	SOLUTION

DISEASES	PLANTS AFFECTED	SOLUTION

GARDEN RETROSPECTION

As in life, things in the garden don't always go as planned. Sometimes you'll add a new plant or try a technique only to be met with disappointing results. At the end of each season, use this space to list the things that did not work for your garden. You can either learn from your failures and move on, or if it's something you really want to work out, experiment the following year using a different method.

_____

_____

_____

_____

_____

_____

_____

_____

_____

_____

_____

_____

_____

_____

_____

_____

_____

If you have a garden
and a library, you have
everything you need.

—Marcus Tillius Cicero

PLANT DIARY

PLANT HISTORY: YEAR 1

Plant: _____ Date planted: _____

Type: _____

Purchase location: _____

Seeds or seedling: _____

Fertilizer used: _____

Watering: _____

Pests: _____

Bloom or fruit date: _____ Harvest date: _____

Yield: _____

PLANT HISTORY: YEAR 2

Plant: _____ Date planted: _____

Type: _____

Purchase location: _____

Seeds or seedling: _____

Fertilizer used: _____

Watering: _____

Pests: _____

Bloom or fruit date: _____ Harvest date: _____

Yield: _____

PLANT HISTORY: YEAR 3

Plant: _____ Date planted: _____

Type: _____

Purchase location: _____

Seeds or seedling: _____

Fertilizer used: _____

Watering: _____

Pests: _____

Bloom or fruit date: _____ Harvest date: _____

Yield: _____

PLANT HISTORY: YEAR 4

Plant: _____ Date planted: _____

Type: _____

Purchase location: _____

Seeds or seedling: _____

Fertilizer used: _____

Watering: _____

Pests: _____

Bloom or fruit date: _____ Harvest date: _____

Yield: _____

PLANT HISTORY: YEAR 1

Plant: _____ Date planted: _____

Type: _____

Purchase location: _____

Seeds or seedling: _____

Fertilizer used: _____

Watering: _____

Pests: _____

Bloom or fruit date: _____ Harvest date: _____

Yield: _____

PLANT HISTORY: YEAR 2

Plant: _____ Date planted: _____

Type: _____

Purchase location: _____

Seeds or seedling: _____

Fertilizer used: _____

Watering: _____

Pests: _____

Bloom or fruit date: _____ Harvest date: _____

Yield: _____

PLANT HISTORY: YEAR 3

Plant: _____ Date planted: _____

Type: _____

Purchase location: _____

Seeds or seedling: _____

Fertilizer used: _____

Watering: _____

Pests: _____

Bloom or fruit date: _____ Harvest date: _____

Yield: _____

PLANT HISTORY: YEAR 4

Plant: _____ Date planted: _____

Type: _____

Purchase location: _____

Seeds or seedling: _____

Fertilizer used: _____

Watering: _____

Pests: _____

Bloom or fruit date: _____ Harvest date: _____

Yield: _____

PLANT HISTORY: YEAR 1

Plant: _____ Date planted: _____

Type: _____

Purchase location: _____

Seeds or seedling: _____

Fertilizer used: _____

Watering: _____

Pests: _____

Bloom or fruit date: _____ Harvest date: _____

Yield: _____

PLANT HISTORY: YEAR 2

Plant: _____ Date planted: _____

Type: _____

Purchase location: _____

Seeds or seedling: _____

Fertilizer used: _____

Watering: _____

Pests: _____

Bloom or fruit date: _____ Harvest date: _____

Yield: _____

PLANT HISTORY: YEAR 3

Plant: _____ Date planted: _____

Type: _____

Purchase location: _____

Seeds or seedling: _____

Fertilizer used: _____

Watering: _____

Pests: _____

Bloom or fruit date: _____ Harvest date: _____

Yield: _____

PLANT HISTORY: YEAR 4

Plant: _____ Date planted: _____

Type: _____

Purchase location: _____

Seeds or seedling: _____

Fertilizer used: _____

Watering: _____

Pests: _____

Bloom or fruit date: _____ Harvest date: _____

Yield: _____

PLANT HISTORY: YEAR 1

Plant: _____ Date planted: _____

Type: _____

Purchase location: _____

Seeds or seedling: _____

Fertilizer used: _____

Watering: _____

Pests: _____

Bloom or fruit date: _____ Harvest date: _____

Yield: _____

PLANT HISTORY: YEAR 2

Plant: _____ Date planted: _____

Type: _____

Purchase location: _____

Seeds or seedling: _____

Fertilizer used: _____

Watering: _____

Pests: _____

Bloom or fruit date: _____ Harvest date: _____

Yield: _____

PLANT HISTORY: YEAR 3

Plant: _____ Date planted: _____

Type: _____

Purchase location: _____

Seeds or seedling: _____

Fertilizer used: _____

Watering: _____

Pests: _____

Bloom or fruit date: _____ Harvest date: _____

Yield: _____

PLANT HISTORY: YEAR 4

Plant: _____ Date planted: _____

Type: _____

Purchase location: _____

Seeds or seedling: _____

Fertilizer used: _____

Watering: _____

Pests: _____

Bloom or fruit date: _____ Harvest date: _____

Yield: _____

PLANT HISTORY: YEAR 1

Plant: _____ Date planted: _____

Type: _____

Purchase location: _____

Seeds or seedling: _____

Fertilizer used: _____

Watering: _____

Pests: _____

Bloom or fruit date: _____ Harvest date: _____

Yield: _____

PLANT HISTORY: YEAR 2

Plant: _____ Date planted: _____

Type: _____

Purchase location: _____

Seeds or seedling: _____

Fertilizer used: _____

Watering: _____

Pests: _____

Bloom or fruit date: _____ Harvest date: _____

Yield: _____

PLANT HISTORY: YEAR 3

Plant: _____ Date planted: _____

Type: _____

Purchase location: _____

Seeds or seedling: _____

Fertilizer used: _____

Watering: _____

Pests: _____

Bloom or fruit date: _____ Harvest date: _____

Yield: _____

PLANT HISTORY: YEAR 4

Plant: _____ Date planted: _____

Type: _____

Purchase location: _____

Seeds or seedling: _____

Fertilizer used: _____

Watering: _____

Pests: _____

Bloom or fruit date: _____ Harvest date: _____

Yield: _____

PLANT HISTORY: YEAR 1

Plant: _____ Date planted: _____

Type: _____

Purchase location: _____

Seeds or seedling: _____

Fertilizer used: _____

Watering: _____

Pests: _____

Bloom or fruit date: _____ Harvest date: _____

Yield: _____

PLANT HISTORY: YEAR 2

Plant: _____ Date planted: _____

Type: _____

Purchase location: _____

Seeds or seedling: _____

Fertilizer used: _____

Watering: _____

Pests: _____

Bloom or fruit date: _____ Harvest date: _____

Yield: _____

PLANT HISTORY: YEAR 3

Plant: _____ Date planted: _____

Type: _____

Purchase location: _____

Seeds or seedling: _____

Fertilizer used: _____

Watering: _____

Pests: _____

Bloom or fruit date: _____ Harvest date: _____

Yield: _____

PLANT HISTORY: YEAR 4

Plant: _____ Date planted: _____

Type: _____

Purchase location: _____

Seeds or seedling: _____

Fertilizer used: _____

Watering: _____

Pests: _____

Bloom or fruit date: _____ Harvest date: _____

Yield: _____

PLANT HISTORY: YEAR 1

Plant: _____ Date planted: _____

Type: _____

Purchase location: _____

Seeds or seedling: _____

Fertilizer used: _____

Watering: _____

Pests: _____

Bloom or fruit date: _____ Harvest date: _____

Yield: _____

PLANT HISTORY: YEAR 2

Plant: _____ Date planted: _____

Type: _____

Purchase location: _____

Seeds or seedling: _____

Fertilizer used: _____

Watering: _____

Pests: _____

Bloom or fruit date: _____ Harvest date: _____

Yield: _____

PLANT HISTORY: YEAR 3

Plant: _____ Date planted: _____

Type: _____

Purchase location: _____

Seeds or seedling: _____

Fertilizer used: _____

Watering: _____

Pests: _____

Bloom or fruit date: _____ Harvest date: _____

Yield: _____

PLANT HISTORY: YEAR 4

Plant: _____ Date planted: _____

Type: _____

Purchase location: _____

Seeds or seedling: _____

Fertilizer used: _____

Watering: _____

Pests: _____

Bloom or fruit date: _____ Harvest date: _____

Yield: _____

PLANT HISTORY: YEAR 1

Plant: _____ Date planted: _____

Type: _____

Purchase location: _____

Seeds or seedling: _____

Fertilizer used: _____

Watering: _____

Pests: _____

Bloom or fruit date: _____ Harvest date: _____

Yield: _____

PLANT HISTORY: YEAR 2

Plant: _____ Date planted: _____

Type: _____

Purchase location: _____

Seeds or seedling: _____

Fertilizer used: _____

Watering: _____

Pests: _____

Bloom or fruit date: _____ Harvest date: _____

Yield: _____

PLANT HISTORY: YEAR 3

Plant: _____ Date planted: _____

Type: _____

Purchase location: _____

Seeds or seedling: _____

Fertilizer used: _____

Watering: _____

Pests: _____

Bloom or fruit date: _____ Harvest date: _____

Yield: _____

PLANT HISTORY: YEAR 4

Plant: _____ Date planted: _____

Type: _____

Purchase location: _____

Seeds or seedling: _____

Fertilizer used: _____

Watering: _____

Pests: _____

Bloom or fruit date: _____ Harvest date: _____

Yield: _____

PLANT HISTORY: YEAR 1

Plant: _____ Date planted: _____

Type: _____

Purchase location: _____

Seeds or seedling: _____

Fertilizer used: _____

Watering: _____

Pests: _____

Bloom or fruit date: _____ Harvest date: _____

Yield: _____

PLANT HISTORY: YEAR 2

Plant: _____ Date planted: _____

Type: _____

Purchase location: _____

Seeds or seedling: _____

Fertilizer used: _____

Watering: _____

Pests: _____

Bloom or fruit date: _____ Harvest date: _____

Yield: _____

PLANT HISTORY: YEAR 3

Plant: _____ Date planted: _____

Type: _____

Purchase location: _____

Seeds or seedling: _____

Fertilizer used: _____

Watering: _____

Pests: _____

Bloom or fruit date: _____ Harvest date: _____

Yield: _____

PLANT HISTORY: YEAR 4

Plant: _____ Date planted: _____

Type: _____

Purchase location: _____

Seeds or seedling: _____

Fertilizer used: _____

Watering: _____

Pests: _____

Bloom or fruit date: _____ Harvest date: _____

Yield: _____

PLANT HISTORY: YEAR 1

Plant: _____ Date planted: _____

Type: _____

Purchase location: _____

Seeds or seedling: _____

Fertilizer used: _____

Watering: _____

Pests: _____

Bloom or fruit date: _____ Harvest date: _____

Yield: _____

PLANT HISTORY: YEAR 2

Plant: _____ Date planted: _____

Type: _____

Purchase location: _____

Seeds or seedling: _____

Fertilizer used: _____

Watering: _____

Pests: _____

Bloom or fruit date: _____ Harvest date: _____

Yield: _____

PLANT HISTORY: YEAR 3

Plant: _____ Date planted: _____

Type: _____

Purchase location: _____

Seeds or seedling: _____

Fertilizer used: _____

Watering: _____

Pests: _____

Bloom or fruit date: _____ Harvest date: _____

Yield: _____

PLANT HISTORY: YEAR 4

Plant: _____ Date planted: _____

Type: _____

Purchase location: _____

Seeds or seedling: _____

Fertilizer used: _____

Watering: _____

Pests: _____

Bloom or fruit date: _____ Harvest date: _____

Yield: _____

PLANT HISTORY: YEAR 1

Plant: _____ Date planted: _____

Type: _____

Purchase location: _____

Seeds or seedling: _____

Fertilizer used: _____

Watering: _____

Pests: _____

Bloom or fruit date: _____ Harvest date: _____

Yield: _____

PLANT HISTORY: YEAR 2

Plant: _____ Date planted: _____

Type: _____

Purchase location: _____

Seeds or seedling: _____

Fertilizer used: _____

Watering: _____

Pests: _____

Bloom or fruit date: _____ Harvest date: _____

Yield: _____

PLANT HISTORY: YEAR 3

Plant: _____ Date planted: _____

Type: _____

Purchase location: _____

Seeds or seedling: _____

Fertilizer used: _____

Watering: _____

Pests: _____

Bloom or fruit date: _____ Harvest date: _____

Yield: _____

PLANT HISTORY: YEAR 4

Plant: _____ Date planted: _____

Type: _____

Purchase location: _____

Seeds or seedling: _____

Fertilizer used: _____

Watering: _____

Pests: _____

Bloom or fruit date: _____ Harvest date: _____

Yield: _____

PLANT HISTORY: YEAR 1

Plant: _____ Date planted: _____

Type: _____

Purchase location: _____

Seeds or seedling: _____

Fertilizer used: _____

Watering: _____

Pests: _____

Bloom or fruit date: _____ Harvest date: _____

Yield: _____

PLANT HISTORY: YEAR 2

Plant: _____ Date planted: _____

Type: _____

Purchase location: _____

Seeds or seedling: _____

Fertilizer used: _____

Watering: _____

Pests: _____

Bloom or fruit date: _____ Harvest date: _____

Yield: _____

PLANT HISTORY: YEAR 3

Plant: _____ Date planted: _____

Type: _____

Purchase location: _____

Seeds or seedling: _____

Fertilizer used: _____

Watering: _____

Pests: _____

Bloom or fruit date: _____ Harvest date: _____

Yield: _____

PLANT HISTORY: YEAR 4

Plant: _____ Date planted: _____

Type: _____

Purchase location: _____

Seeds or seedling: _____

Fertilizer used: _____

Watering: _____

Pests: _____

Bloom or fruit date: _____ Harvest date: _____

Yield: _____

PLANT HISTORY: YEAR 1

Plant: _____ Date planted: _____

Type: _____

Purchase location: _____

Seeds or seedling: _____

Fertilizer used: _____

Watering: _____

Pests: _____

Bloom or fruit date: _____ Harvest date: _____

Yield: _____

PLANT HISTORY: YEAR 2

Plant: _____ Date planted: _____

Type: _____

Purchase location: _____

Seeds or seedling: _____

Fertilizer used: _____

Watering: _____

Pests: _____

Bloom or fruit date: _____ Harvest date: _____

Yield: _____

PLANT HISTORY: YEAR 3

Plant: _____ Date planted: _____

Type: _____

Purchase location: _____

Seeds or seedling: _____

Fertilizer used: _____

Watering: _____

Pests: _____

Bloom or fruit date: _____ Harvest date: _____

Yield: _____

PLANT HISTORY: YEAR 4

Plant: _____ Date planted: _____

Type: _____

Purchase location: _____

Seeds or seedling: _____

Fertilizer used: _____

Watering: _____

Pests: _____

Bloom or fruit date: _____ Harvest date: _____

Yield: _____

PLANT HISTORY: YEAR 1

Plant: _____ Date planted: _____

Type: _____

Purchase location: _____

Seeds or seedling: _____

Fertilizer used: _____

Watering: _____

Pests: _____

Bloom or fruit date: _____ Harvest date: _____

Yield: _____

PLANT HISTORY: YEAR 2

Plant: _____ Date planted: _____

Type: _____

Purchase location: _____

Seeds or seedling: _____

Fertilizer used: _____

Watering: _____

Pests: _____

Bloom or fruit date: _____ Harvest date: _____

Yield: _____

PLANT HISTORY: YEAR 3

Plant: _____ Date planted: _____

Type: _____

Purchase location: _____

Seeds or seedling: _____

Fertilizer used: _____

Watering: _____

Pests: _____

Bloom or fruit date: _____ Harvest date: _____

Yield: _____

PLANT HISTORY: YEAR 4

Plant: _____ Date planted: _____

Type: _____

Purchase location: _____

Seeds or seedling: _____

Fertilizer used: _____

Watering: _____

Pests: _____

Bloom or fruit date: _____ Harvest date: _____

Yield: _____

PLANT HISTORY: YEAR 1

Plant: _____ Date planted: _____

Type: _____

Purchase location: _____

Seeds or seedling: _____

Fertilizer used: _____

Watering: _____

Pests: _____

Bloom or fruit date: _____ Harvest date: _____

Yield: _____

PLANT HISTORY: YEAR 2

Plant: _____ Date planted: _____

Type: _____

Purchase location: _____

Seeds or seedling: _____

Fertilizer used: _____

Watering: _____

Pests: _____

Bloom or fruit date: _____ Harvest date: _____

Yield: _____

PLANT HISTORY: YEAR 3

Plant: _____ Date planted: _____

Type: _____

Purchase location: _____

Seeds or seedling: _____

Fertilizer used: _____

Watering: _____

Pests: _____

Bloom or fruit date: _____ Harvest date: _____

Yield: _____

PLANT HISTORY: YEAR 4

Plant: _____ Date planted: _____

Type: _____

Purchase location: _____

Seeds or seedling: _____

Fertilizer used: _____

Watering: _____

Pests: _____

Bloom or fruit date: _____ Harvest date: _____

Yield: _____

PLANT HISTORY: YEAR 1

Plant: _____ Date planted: _____

Type: _____

Purchase location: _____

Seeds or seedling: _____

Fertilizer used: _____

Watering: _____

Pests: _____

Bloom or fruit date: _____ Harvest date: _____

Yield: _____

PLANT HISTORY: YEAR 2

Plant: _____ Date planted: _____

Type: _____

Purchase location: _____

Seeds or seedling: _____

Fertilizer used: _____

Watering: _____

Pests: _____

Bloom or fruit date: _____ Harvest date: _____

Yield: _____

PLANT HISTORY: YEAR 3

Plant: _____ Date planted: _____

Type: _____

Purchase location: _____

Seeds or seedling: _____

Fertilizer used: _____

Watering: _____

Pests: _____

Bloom or fruit date: _____ Harvest date: _____

Yield: _____

PLANT HISTORY: YEAR 4

Plant: _____ Date planted: _____

Type: _____

Purchase location: _____

Seeds or seedling: _____

Fertilizer used: _____

Watering: _____

Pests: _____

Bloom or fruit date: _____ Harvest date: _____

Yield: _____

PLANT HISTORY: YEAR 1

Plant: _____ Date planted: _____

Type: _____

Purchase location: _____

Seeds or seedling: _____

Fertilizer used: _____

Watering: _____

Pests: _____

Bloom or fruit date: _____ Harvest date: _____

Yield: _____

PLANT HISTORY: YEAR 2

Plant: _____ Date planted: _____

Type: _____

Purchase location: _____

Seeds or seedling: _____

Fertilizer used: _____

Watering: _____

Pests: _____

Bloom or fruit date: _____ Harvest date: _____

Yield: _____

PLANT HISTORY: YEAR 3

Plant: _____ Date planted: _____

Type: _____

Purchase location: _____

Seeds or seedling: _____

Fertilizer used: _____

Watering: _____

Pests: _____

Bloom or fruit date: _____ Harvest date: _____

Yield: _____

PLANT HISTORY: YEAR 4

Plant: _____ Date planted: _____

Type: _____

Purchase location: _____

Seeds or seedling: _____

Fertilizer used: _____

Watering: _____

Pests: _____

Bloom or fruit date: _____ Harvest date: _____

Yield: _____

PLANT HISTORY: YEAR 1

Plant: _____ Date planted: _____

Type: _____

Purchase location: _____

Seeds or seedling: _____

Fertilizer used: _____

Watering: _____

Pests: _____

Bloom or fruit date: _____ Harvest date: _____

Yield: _____

PLANT HISTORY: YEAR 2

Plant: _____ Date planted: _____

Type: _____

Purchase location: _____

Seeds or seedling: _____

Fertilizer used: _____

Watering: _____

Pests: _____

Bloom or fruit date: _____ Harvest date: _____

Yield: _____

PLANT HISTORY: YEAR 3

Plant: _____   Date planted: _____

Type: _____

Purchase location: _____

Seeds or seedling: _____

Fertilizer used: _____

Watering: _____

Pests: _____

Bloom or fruit date: _____ Harvest date: _____

Yield: _____

PLANT HISTORY: YEAR 4

Plant: _____   Date planted: _____

Type: _____

Purchase location: _____

Seeds or seedling: _____

Fertilizer used: _____

Watering: _____

Pests: _____

Bloom or fruit date: _____ Harvest date: _____

Yield: _____

PLANT HISTORY: YEAR 1

Plant: _____ Date planted: _____

Type: _____

Purchase location: _____

Seeds or seedling: _____

Fertilizer used: _____

Watering: _____

Pests: _____

Bloom or fruit date: _____ Harvest date: _____

Yield: _____

PLANT HISTORY: YEAR 2

Plant: _____ Date planted: _____

Type: _____

Purchase location: _____

Seeds or seedling: _____

Fertilizer used: _____

Watering: _____

Pests: _____

Bloom or fruit date: _____ Harvest date: _____

Yield: _____

PLANT HISTORY: YEAR 3

Plant: _____ Date planted: _____

Type: _____

Purchase location: _____

Seeds or seedling: _____

Fertilizer used: _____

Watering: _____

Pests: _____

Bloom or fruit date: _____ Harvest date: _____

Yield: _____

PLANT HISTORY: YEAR 4

Plant: _____ Date planted: _____

Type: _____

Purchase location: _____

Seeds or seedling: _____

Fertilizer used: _____

Watering: _____

Pests: _____

Bloom or fruit date: _____ Harvest date: _____

Yield: _____

PLANT HISTORY: YEAR 1

Plant: _____ Date planted: _____

Type: _____

Purchase location: _____

Seeds or seedling: _____

Fertilizer used: _____

Watering: _____

Pests: _____

Bloom or fruit date: _____ Harvest date: _____

Yield: _____

PLANT HISTORY: YEAR 2

Plant: _____ Date planted: _____

Type: _____

Purchase location: _____

Seeds or seedling: _____

Fertilizer used: _____

Watering: _____

Pests: _____

Bloom or fruit date: _____ Harvest date: _____

Yield: _____

PLANT HISTORY: YEAR 3

Plant: _____ Date planted: _____

Type: _____

Purchase location: _____

Seeds or seedling: _____

Fertilizer used: _____

Watering: _____

Pests: _____

Bloom or fruit date: _____ Harvest date: _____

Yield: _____

PLANT HISTORY: YEAR 4

Plant: _____ Date planted: _____

Type: _____

Purchase location: _____

Seeds or seedling: _____

Fertilizer used: _____

Watering: _____

Pests: _____

Bloom or fruit date: _____ Harvest date: _____

Yield: _____

PLANT HISTORY: YEAR 1

Plant: _____ Date planted: _____

Type: _____

Purchase location: _____

Seeds or seedling: _____

Fertilizer used: _____

Watering: _____

Pests: _____

Bloom or fruit date: _____ Harvest date: _____

Yield: _____

PLANT HISTORY: YEAR 2

Plant: _____ Date planted: _____

Type: _____

Purchase location: _____

Seeds or seedling: _____

Fertilizer used: _____

Watering: _____

Pests: _____

Bloom or fruit date: _____ Harvest date: _____

Yield: _____

PLANT HISTORY: YEAR 3

Plant: _____ Date planted: _____

Type: _____

Purchase location: _____

Seeds or seedling: _____

Fertilizer used: _____

Watering: _____

Pests: _____

Bloom or fruit date: _____ Harvest date: _____

Yield: _____

PLANT HISTORY: YEAR 4

Plant: _____ Date planted: _____

Type: _____

Purchase location: _____

Seeds or seedling: _____

Fertilizer used: _____

Watering: _____

Pests: _____

Bloom or fruit date: _____ Harvest date: _____

Yield: _____

PLANT HISTORY: YEAR 1

Plant: _____ Date planted: _____

Type: _____

Purchase location: _____

Seeds or seedling: _____

Fertilizer used: _____

Watering: _____

Pests: _____

Bloom or fruit date: _____ Harvest date: _____

Yield: _____

PLANT HISTORY: YEAR 2

Plant: _____ Date planted: _____

Type: _____

Purchase location: _____

Seeds or seedling: _____

Fertilizer used: _____

Watering: _____

Pests: _____

Bloom or fruit date: _____ Harvest date: _____

Yield: _____

PLANT HISTORY: YEAR 3

Plant: _____ Date planted: _____

Type: _____

Purchase location: _____

Seeds or seedling: _____

Fertilizer used: _____

Watering: _____

Pests: _____

Bloom or fruit date: _____ Harvest date: _____

Yield: _____

PLANT HISTORY: YEAR 4

Plant: _____ Date planted: _____

Type: _____

Purchase location: _____

Seeds or seedling: _____

Fertilizer used: _____

Watering: _____

Pests: _____

Bloom or fruit date: _____ Harvest date: _____

Yield: _____

PLANT HISTORY: YEAR 1

Plant: _____ Date planted: _____

Type: _____

Purchase location: _____

Seeds or seedling: _____

Fertilizer used: _____

Watering: _____

Pests: _____

Bloom or fruit date: _____ Harvest date: _____

Yield: _____

PLANT HISTORY: YEAR 2

Plant: _____ Date planted: _____

Type: _____

Purchase location: _____

Seeds or seedling: _____

Fertilizer used: _____

Watering: _____

Pests: _____

Bloom or fruit date: _____ Harvest date: _____

Yield: _____

PLANT HISTORY: YEAR 3

Plant: _____ Date planted: _____

Type: _____

Purchase location: _____

Seeds or seedling: _____

Fertilizer used: _____

Watering: _____

Pests: _____

Bloom or fruit date: _____ Harvest date: _____

Yield: _____

PLANT HISTORY: YEAR 4

Plant: _____ Date planted: _____

Type: _____

Purchase location: _____

Seeds or seedling: _____

Fertilizer used: _____

Watering: _____

Pests: _____

Bloom or fruit date: _____ Harvest date: _____

Yield: _____

PLANT HISTORY: YEAR 1

Plant: _____ Date planted: _____

Type: _____

Purchase location: _____

Seeds or seedling: _____

Fertilizer used: _____

Watering: _____

Pests: _____

Bloom or fruit date: _____ Harvest date: _____

Yield: _____

PLANT HISTORY: YEAR 2

Plant: _____ Date planted: _____

Type: _____

Purchase location: _____

Seeds or seedling: _____

Fertilizer used: _____

Watering: _____

Pests: _____

Bloom or fruit date: _____ Harvest date: _____

Yield: _____

PLANT HISTORY: YEAR 3

Plant: _____ Date planted: _____

Type: _____

Purchase location: _____

Seeds or seedling: _____

Fertilizer used: _____

Watering: _____

Pests: _____

Bloom or fruit date: _____ Harvest date: _____

Yield: _____

PLANT HISTORY: YEAR 4

Plant: _____ Date planted: _____

Type: _____

Purchase location: _____

Seeds or seedling: _____

Fertilizer used: _____

Watering: _____

Pests: _____

Bloom or fruit date: _____ Harvest date: _____

Yield: _____

PLANT HISTORY: YEAR 1

Plant: _____ Date planted: _____

Type: _____

Purchase location: _____

Seeds or seedling: _____

Fertilizer used: _____

Watering: _____

Pests: _____

Bloom or fruit date: _____ Harvest date: _____

Yield: _____

PLANT HISTORY: YEAR 2

Plant: _____ Date planted: _____

Type: _____

Purchase location: _____

Seeds or seedling: _____

Fertilizer used: _____

Watering: _____

Pests: _____

Bloom or fruit date: _____ Harvest date: _____

Yield: _____

PLANT HISTORY: YEAR 3

Plant: _____ Date planted: _____

Type: _____

Purchase location: _____

Seeds or seedling: _____

Fertilizer used: _____

Watering: _____

Pests: _____

Bloom or fruit date: _____ Harvest date: _____

Yield: _____

PLANT HISTORY: YEAR 4

Plant: _____ Date planted: _____

Type: _____

Purchase location: _____

Seeds or seedling: _____

Fertilizer used: _____

Watering: _____

Pests: _____

Bloom or fruit date: _____ Harvest date: _____

Yield: _____

PLANT HISTORY: YEAR 1

Plant: _____ Date planted: _____

Type: _____

Purchase location: _____

Seeds or seedling: _____

Fertilizer used: _____

Watering: _____

Pests: _____

Bloom or fruit date: _____ Harvest date: _____

Yield: _____

PLANT HISTORY: YEAR 2

Plant: _____ Date planted: _____

Type: _____

Purchase location: _____

Seeds or seedling: _____

Fertilizer used: _____

Watering: _____

Pests: _____

Bloom or fruit date: _____ Harvest date: _____

Yield: _____

PLANT HISTORY: YEAR 3

Plant: _____ Date planted: _____

Type: _____

Purchase location: _____

Seeds or seedling: _____

Fertilizer used: _____

Watering: _____

Pests: _____

Bloom or fruit date: _____ Harvest date: _____

Yield: _____

PLANT HISTORY: YEAR 4

Plant: _____ Date planted: _____

Type: _____

Purchase location: _____

Seeds or seedling: _____

Fertilizer used: _____

Watering: _____

Pests: _____

Bloom or fruit date: _____ Harvest date: _____

Yield: _____

PLANT HISTORY: YEAR 1

Plant: _____ Date planted: _____

Type: _____

Purchase location: _____

Seeds or seedling: _____

Fertilizer used: _____

Watering: _____

Pests: _____

Bloom or fruit date: _____ Harvest date: _____

Yield: _____

PLANT HISTORY: YEAR 2

Plant: _____ Date planted: _____

Type: _____

Purchase location: _____

Seeds or seedling: _____

Fertilizer used: _____

Watering: _____

Pests: _____

Bloom or fruit date: _____ Harvest date: _____

Yield: _____

PLANT HISTORY: YEAR 3

Plant: _____ Date planted: _____

Type: _____

Purchase location: _____

Seeds or seedling: _____

Fertilizer used: _____

Watering: _____

Pests: _____

Bloom or fruit date: _____ Harvest date: _____

Yield: _____

PLANT HISTORY: YEAR 4

Plant: _____ Date planted: _____

Type: _____

Purchase location: _____

Seeds or seedling: _____

Fertilizer used: _____

Watering: _____

Pests: _____

Bloom or fruit date: _____ Harvest date: _____

Yield: _____

PLANT HISTORY: YEAR 1

Plant: _____ Date planted: _____

Type: _____

Purchase location: _____

Seeds or seedling: _____

Fertilizer used: _____

Watering: _____

Pests: _____

Bloom or fruit date: _____ Harvest date: _____

Yield: _____

PLANT HISTORY: YEAR 2

Plant: _____ Date planted: _____

Type: _____

Purchase location: _____

Seeds or seedling: _____

Fertilizer used: _____

Watering: _____

Pests: _____

Bloom or fruit date: _____ Harvest date: _____

Yield: _____

PLANT HISTORY: YEAR 3

Plant: _____ Date planted: _____

Type: _____

Purchase location: _____

Seeds or seedling: _____

Fertilizer used: _____

Watering: _____

Pests: _____

Bloom or fruit date: _____ Harvest date: _____

Yield: _____

PLANT HISTORY: YEAR 4

Plant: _____ Date planted: _____

Type: _____

Purchase location: _____

Seeds or seedling: _____

Fertilizer used: _____

Watering: _____

Pests: _____

Bloom or fruit date: _____ Harvest date: _____

Yield: _____

PLANT HISTORY: YEAR 1

Plant: _____ Date planted: _____

Type: _____

Purchase location: _____

Seeds or seedling: _____

Fertilizer used: _____

Watering: _____

Pests: _____

Bloom or fruit date: _____ Harvest date: _____

Yield: _____

PLANT HISTORY: YEAR 2

Plant: _____ Date planted: _____

Type: _____

Purchase location: _____

Seeds or seedling: _____

Fertilizer used: _____

Watering: _____

Pests: _____

Bloom or fruit date: _____ Harvest date: _____

Yield: _____

PLANT HISTORY: YEAR 3

Plant: _____ Date planted: _____

Type: _____

Purchase location: _____

Seeds or seedling: _____

Fertilizer used: _____

Watering: _____

Pests: _____

Bloom or fruit date: _____ Harvest date: _____

Yield: _____

PLANT HISTORY: YEAR 4

Plant: _____ Date planted: _____

Type: _____

Purchase location: _____

Seeds or seedling: _____

Fertilizer used: _____

Watering: _____

Pests: _____

Bloom or fruit date: _____ Harvest date: _____

Yield: _____

PLANT HISTORY: YEAR 1

Plant: _____ Date planted: _____

Type: _____

Purchase location: _____

Seeds or seedling: _____

Fertilizer used: _____

Watering: _____

Pests: _____

Bloom or fruit date: _____ Harvest date: _____

Yield: _____

PLANT HISTORY: YEAR 2

Plant: _____ Date planted: _____

Type: _____

Purchase location: _____

Seeds or seedling: _____

Fertilizer used: _____

Watering: _____

Pests: _____

Bloom or fruit date: _____ Harvest date: _____

Yield: _____

PLANT HISTORY: YEAR 3

Plant: _____ Date planted: _____

Type: _____

Purchase location: _____

Seeds or seedling: _____

Fertilizer used: _____

Watering: _____

Pests: _____

Bloom or fruit date: _____ Harvest date: _____

Yield: _____

PLANT HISTORY: YEAR 4

Plant: _____ Date planted: _____

Type: _____

Purchase location: _____

Seeds or seedling: _____

Fertilizer used: _____

Watering: _____

Pests: _____

Bloom or fruit date: _____ Harvest date: _____

Yield: _____

PLANT HISTORY: YEAR 1

Plant: _____ Date planted: _____

Type: _____

Purchase location: _____

Seeds or seedling: _____

Fertilizer used: _____

Watering: _____

Pests: _____

Bloom or fruit date: _____ Harvest date: _____

Yield: _____

PLANT HISTORY: YEAR 2

Plant: _____ Date planted: _____

Type: _____

Purchase location: _____

Seeds or seedling: _____

Fertilizer used: _____

Watering: _____

Pests: _____

Bloom or fruit date: _____ Harvest date: _____

Yield: _____

PLANT HISTORY: YEAR 3

Plant: _____ Date planted: _____

Type: _____

Purchase location: _____

Seeds or seedling: _____

Fertilizer used: _____

Watering: _____

Pests: _____

Bloom or fruit date: _____ Harvest date: _____

Yield: _____

PLANT HISTORY: YEAR 4

Plant: _____ Date planted: _____

Type: _____

Purchase location: _____

Seeds or seedling: _____

Fertilizer used: _____

Watering: _____

Pests: _____

Bloom or fruit date: _____ Harvest date: _____

Yield: _____

PLANT HISTORY: YEAR 1

Plant: _____ Date planted: _____

Type: _____

Purchase location: _____

Seeds or seedling: _____

Fertilizer used: _____

Watering: _____

Pests: _____

Bloom or fruit date: _____ Harvest date: _____

Yield: _____

PLANT HISTORY: YEAR 2

Plant: _____ Date planted: _____

Type: _____

Purchase location: _____

Seeds or seedling: _____

Fertilizer used: _____

Watering: _____

Pests: _____

Bloom or fruit date: _____ Harvest date: _____

Yield: _____

PLANT HISTORY: YEAR 3

Plant: _____ Date planted: _____

Type: _____

Purchase location: _____

Seeds or seedling: _____

Fertilizer used: _____

Watering: _____

Pests: _____

Bloom or fruit date: _____ Harvest date: _____

Yield: _____

PLANT HISTORY: YEAR 4

Plant: _____ Date planted: _____

Type: _____

Purchase location: _____

Seeds or seedling: _____

Fertilizer used: _____

Watering: _____

Pests: _____

Bloom or fruit date: _____ Harvest date: _____

Yield: _____

PLANT HISTORY: YEAR 1

Plant: _____ Date planted: _____

Type: _____

Purchase location: _____

Seeds or seedling: _____

Fertilizer used: _____

Watering: _____

Pests: _____

Bloom or fruit date: _____ Harvest date: _____

Yield: _____

PLANT HISTORY: YEAR 2

Plant: _____ Date planted: _____

Type: _____

Purchase location: _____

Seeds or seedling: _____

Fertilizer used: _____

Watering: _____

Pests: _____

Bloom or fruit date: _____ Harvest date: _____

Yield: _____

PLANT HISTORY: YEAR 3

Plant: _____ Date planted: _____

Type: _____

Purchase location: _____

Seeds or seedling: _____

Fertilizer used: _____

Watering: _____

Pests: _____

Bloom or fruit date: _____ Harvest date: _____

Yield: _____

PLANT HISTORY: YEAR 4

Plant: _____ Date planted: _____

Type: _____

Purchase location: _____

Seeds or seedling: _____

Fertilizer used: _____

Watering: _____

Pests: _____

Bloom or fruit date: _____ Harvest date: _____

Yield: _____

PLANT HISTORY: YEAR 1

Plant: _____ Date planted: _____

Type: _____

Purchase location: _____

Seeds or seedling: _____

Fertilizer used: _____

Watering: _____

Pests: _____

Bloom or fruit date: _____ Harvest date: _____

Yield: _____

PLANT HISTORY: YEAR 2

Plant: _____ Date planted: _____

Type: _____

Purchase location: _____

Seeds or seedling: _____

Fertilizer used: _____

Watering: _____

Pests: _____

Bloom or fruit date: _____ Harvest date: _____

Yield: _____

PLANT HISTORY: YEAR 3

Plant: _____ Date planted: _____

Type: _____

Purchase location: _____

Seeds or seedling: _____

Fertilizer used: _____

Watering: _____

Pests: _____

Bloom or fruit date: _____ Harvest date: _____

Yield: _____

PLANT HISTORY: YEAR 4

Plant: _____ Date planted: _____

Type: _____

Purchase location: _____

Seeds or seedling: _____

Fertilizer used: _____

Watering: _____

Pests: _____

Bloom or fruit date: _____ Harvest date: _____

Yield: _____

PLANT HISTORY: YEAR 1

Plant: _____ Date planted: _____

Type: _____

Purchase location: _____

Seeds or seedling: _____

Fertilizer used: _____

Watering: _____

Pests: _____

Bloom or fruit date: _____ Harvest date: _____

Yield: _____

PLANT HISTORY: YEAR 2

Plant: _____ Date planted: _____

Type: _____

Purchase location: _____

Seeds or seedling: _____

Fertilizer used: _____

Watering: _____

Pests: _____

Bloom or fruit date: _____ Harvest date: _____

Yield: _____

PLANT HISTORY: YEAR 3

Plant: _____ Date planted: _____

Type: _____

Purchase location: _____

Seeds or seedling: _____

Fertilizer used: _____

Watering: _____

Pests: _____

Bloom or fruit date: _____ Harvest date: _____

Yield: _____

PLANT HISTORY: YEAR 4

Plant: _____ Date planted: _____

Type: _____

Purchase location: _____

Seeds or seedling: _____

Fertilizer used: _____

Watering: _____

Pests: _____

Bloom or fruit date: _____ Harvest date: _____

Yield: _____

PLANT HISTORY: YEAR 1

Plant: _____ Date planted: _____

Type: _____

Purchase location: _____

Seeds or seedling: _____

Fertilizer used: _____

Watering: _____

Pests: _____

Bloom or fruit date: _____ Harvest date: _____

Yield: _____

PLANT HISTORY: YEAR 2

Plant: _____ Date planted: _____

Type: _____

Purchase location: _____

Seeds or seedling: _____

Fertilizer used: _____

Watering: _____

Pests: _____

Bloom or fruit date: _____ Harvest date: _____

Yield: _____

PLANT HISTORY: YEAR 3

Plant: _____ Date planted: _____

Type: _____

Purchase location: _____

Seeds or seedling: _____

Fertilizer used: _____

Watering: _____

Pests: _____

Bloom or fruit date: _____ Harvest date: _____

Yield: _____

PLANT HISTORY: YEAR 4

Plant: _____ Date planted: _____

Type: _____

Purchase location: _____

Seeds or seedling: _____

Fertilizer used: _____

Watering: _____

Pests: _____

Bloom or fruit date: _____ Harvest date: _____

Yield: _____

PLANT HISTORY: YEAR 1

Plant: _____ Date planted: _____

Type: _____

Purchase location: _____

Seeds or seedling: _____

Fertilizer used: _____

Watering: _____

Pests: _____

Bloom or fruit date: _____ Harvest date: _____

Yield: _____

PLANT HISTORY: YEAR 2

Plant: _____ Date planted: _____

Type: _____

Purchase location: _____

Seeds or seedling: _____

Fertilizer used: _____

Watering: _____

Pests: _____

Bloom or fruit date: _____ Harvest date: _____

Yield: _____

PLANT HISTORY: YEAR 3

Plant: _____ Date planted: _____

Type: _____

Purchase location: _____

Seeds or seedling: _____

Fertilizer used: _____

Watering: _____

Pests: _____

Bloom or fruit date: _____ Harvest date: _____

Yield: _____

PLANT HISTORY: YEAR 4

Plant: _____ Date planted: _____

Type: _____

Purchase location: _____

Seeds or seedling: _____

Fertilizer used: _____

Watering: _____

Pests: _____

Bloom or fruit date: _____ Harvest date: _____

Yield: _____

PLANT HISTORY: YEAR 1

Plant: _____ Date planted: _____

Type: _____

Purchase location: _____

Seeds or seedling: _____

Fertilizer used: _____

Watering: _____

Pests: _____

Bloom or fruit date: _____ Harvest date: _____

Yield: _____

PLANT HISTORY: YEAR 2

Plant: _____ Date planted: _____

Type: _____

Purchase location: _____

Seeds or seedling: _____

Fertilizer used: _____

Watering: _____

Pests: _____

Bloom or fruit date: _____ Harvest date: _____

Yield: _____

PLANT HISTORY: YEAR 3

Plant: _____ Date planted: _____

Type: _____

Purchase location: _____

Seeds or seedling: _____

Fertilizer used: _____

Watering: _____

Pests: _____

Bloom or fruit date: _____ Harvest date: _____

Yield: _____

PLANT HISTORY: YEAR 4

Plant: _____ Date planted: _____

Type: _____

Purchase location: _____

Seeds or seedling: _____

Fertilizer used: _____

Watering: _____

Pests: _____

Bloom or fruit date: _____ Harvest date: _____

Yield: _____

PLANT HISTORY: YEAR 1

Plant: _____ Date planted: _____

Type: _____

Purchase location: _____

Seeds or seedling: _____

Fertilizer used: _____

Watering: _____

Pests: _____

Bloom or fruit date: _____ Harvest date: _____

Yield: _____

PLANT HISTORY: YEAR 2

Plant: _____ Date planted: _____

Type: _____

Purchase location: _____

Seeds or seedling: _____

Fertilizer used: _____

Watering: _____

Pests: _____

Bloom or fruit date: _____ Harvest date: _____

Yield: _____

PLANT HISTORY: YEAR 3

Plant: _____ Date planted: _____

Type: _____

Purchase location: _____

Seeds or seedling: _____

Fertilizer used: _____

Watering: _____

Pests: _____

Bloom or fruit date: _____ Harvest date: _____

Yield: _____

PLANT HISTORY: YEAR 4

Plant: _____ Date planted: _____

Type: _____

Purchase location: _____

Seeds or seedling: _____

Fertilizer used: _____

Watering: _____

Pests: _____

Bloom or fruit date: _____ Harvest date: _____

Yield: _____

PLANT HISTORY: YEAR 1

Plant: _____ Date planted: _____

Type: _____

Purchase location: _____

Seeds or seedling: _____

Fertilizer used: _____

Watering: _____

Pests: _____

Bloom or fruit date: _____ Harvest date: _____

Yield: _____

PLANT HISTORY: YEAR 2

Plant: _____ Date planted: _____

Type: _____

Purchase location: _____

Seeds or seedling: _____

Fertilizer used: _____

Watering: _____

Pests: _____

Bloom or fruit date: _____ Harvest date: _____

Yield: _____

PLANT HISTORY: YEAR 3

Plant: _____ Date planted: _____

Type: _____

Purchase location: _____

Seeds or seedling: _____

Fertilizer used: _____

Watering: _____

Pests: _____

Bloom or fruit date: _____ Harvest date: _____

Yield: _____

PLANT HISTORY: YEAR 4

Plant: _____ Date planted: _____

Type: _____

Purchase location: _____

Seeds or seedling: _____

Fertilizer used: _____

Watering: _____

Pests: _____

Bloom or fruit date: _____ Harvest date: _____

Yield: _____

PLANT HISTORY: YEAR 1

Plant: _____ Date planted: _____

Type: _____

Purchase location: _____

Seeds or seedling: _____

Fertilizer used: _____

Watering: _____

Pests: _____

Bloom or fruit date: _____ Harvest date: _____

Yield: _____

PLANT HISTORY: YEAR 2

Plant: _____ Date planted: _____

Type: _____

Purchase location: _____

Seeds or seedling: _____

Fertilizer used: _____

Watering: _____

Pests: _____

Bloom or fruit date: _____ Harvest date: _____

Yield: _____

PLANT HISTORY: YEAR 3

Plant: _____ Date planted: _____

Type: _____

Purchase location: _____

Seeds or seedling: _____

Fertilizer used: _____

Watering: _____

Pests: _____

Bloom or fruit date: _____ Harvest date: _____

Yield: _____

PLANT HISTORY: YEAR 4

Plant: _____ Date planted: _____

Type: _____

Purchase location: _____

Seeds or seedling: _____

Fertilizer used: _____

Watering: _____

Pests: _____

Bloom or fruit date: _____ Harvest date: _____

Yield: _____

PLANT HISTORY: YEAR 1

Plant: _____ Date planted: _____

Type: _____

Purchase location: _____

Seeds or seedling: _____

Fertilizer used: _____

Watering: _____

Pests: _____

Bloom or fruit date: _____ Harvest date: _____

Yield: _____

PLANT HISTORY: YEAR 2

Plant: _____ Date planted: _____

Type: _____

Purchase location: _____

Seeds or seedling: _____

Fertilizer used: _____

Watering: _____

Pests: _____

Bloom or fruit date: _____ Harvest date: _____

Yield: _____

PLANT HISTORY: YEAR 3

Plant: _____ Date planted: _____

Type: _____

Purchase location: _____

Seeds or seedling: _____

Fertilizer used: _____

Watering: _____

Pests: _____

Bloom or fruit date: _____ Harvest date: _____

Yield: _____

PLANT HISTORY: YEAR 4

Plant: _____ Date planted: _____

Type: _____

Purchase location: _____

Seeds or seedling: _____

Fertilizer used: _____

Watering: _____

Pests: _____

Bloom or fruit date: _____ Harvest date: _____

Yield: _____

PLANT HISTORY: YEAR 1

Plant: _____ Date planted: _____

Type: _____

Purchase location: _____

Seeds or seedling: _____

Fertilizer used: _____

Watering: _____

Pests: _____

Bloom or fruit date: _____ Harvest date: _____

Yield: _____

PLANT HISTORY: YEAR 2

Plant: _____ Date planted: _____

Type: _____

Purchase location: _____

Seeds or seedling: _____

Fertilizer used: _____

Watering: _____

Pests: _____

Bloom or fruit date: _____ Harvest date: _____

Yield: _____

PLANT HISTORY: YEAR 3

Plant: _____ Date planted: _____

Type: _____

Purchase location: _____

Seeds or seedling: _____

Fertilizer used: _____

Watering: _____

Pests: _____

Bloom or fruit date: _____ Harvest date: _____

Yield: _____

PLANT HISTORY: YEAR 4

Plant: _____ Date planted: _____

Type: _____

Purchase location: _____

Seeds or seedling: _____

Fertilizer used: _____

Watering: _____

Pests: _____

Bloom or fruit date: _____ Harvest date: _____

Yield: _____

PLANT HISTORY: YEAR 1

Plant: _____ Date planted: _____

Type: _____

Purchase location: _____

Seeds or seedling: _____

Fertilizer used: _____

Watering: _____

Pests: _____

Bloom or fruit date: _____ Harvest date: _____

Yield: _____

PLANT HISTORY: YEAR 2

Plant: _____ Date planted: _____

Type: _____

Purchase location: _____

Seeds or seedling: _____

Fertilizer used: _____

Watering: _____

Pests: _____

Bloom or fruit date: _____ Harvest date: _____

Yield: _____

PLANT HISTORY: YEAR 3

Plant: _____ Date planted: _____

Type: _____

Purchase location: _____

Seeds or seedling: _____

Fertilizer used: _____

Watering: _____

Pests: _____

Bloom or fruit date: _____ Harvest date: _____

Yield: _____

PLANT HISTORY: YEAR 4

Plant: _____ Date planted: _____

Type: _____

Purchase location: _____

Seeds or seedling: _____

Fertilizer used: _____

Watering: _____

Pests: _____

Bloom or fruit date: _____ Harvest date: _____

Yield: _____

PLANT HISTORY: YEAR 1

Plant: _____ Date planted: _____

Type: _____

Purchase location: _____

Seeds or seedling: _____

Fertilizer used: _____

Watering: _____

Pests: _____

Bloom or fruit date: _____ Harvest date: _____

Yield: _____

PLANT HISTORY: YEAR 2

Plant: _____ Date planted: _____

Type: _____

Purchase location: _____

Seeds or seedling: _____

Fertilizer used: _____

Watering: _____

Pests: _____

Bloom or fruit date: _____ Harvest date: _____

Yield: _____

PLANT HISTORY: YEAR 3

Plant: _____ Date planted: _____

Type: _____

Purchase location: _____

Seeds or seedling: _____

Fertilizer used: _____

Watering: _____

Pests: _____

Bloom or fruit date: _____ Harvest date: _____

Yield: _____

PLANT HISTORY: YEAR 4

Plant: _____ Date planted: _____

Type: _____

Purchase location: _____

Seeds or seedling: _____

Fertilizer used: _____

Watering: _____

Pests: _____

Bloom or fruit date: _____ Harvest date: _____

Yield: _____

PLANT HISTORY: YEAR 1

Plant: _____ Date planted: _____

Type: _____

Purchase location: _____

Seeds or seedling: _____

Fertilizer used: _____

Watering: _____

Pests: _____

Bloom or fruit date: _____ Harvest date: _____

Yield: _____

PLANT HISTORY: YEAR 2

Plant: _____ Date planted: _____

Type: _____

Purchase location: _____

Seeds or seedling: _____

Fertilizer used: _____

Watering: _____

Pests: _____

Bloom or fruit date: _____ Harvest date: _____

Yield: _____

PLANT HISTORY: YEAR 3

Plant: _____ Date planted: _____

Type: _____

Purchase location: _____

Seeds or seedling: _____

Fertilizer used: _____

Watering: _____

Pests: _____

Bloom or fruit date: _____ Harvest date: _____

Yield: _____

PLANT HISTORY: YEAR 4

Plant: _____ Date planted: _____

Type: _____

Purchase location: _____

Seeds or seedling: _____

Fertilizer used: _____

Watering: _____

Pests: _____

Bloom or fruit date: _____ Harvest date: _____

Yield: _____

PLANT HISTORY: YEAR 1

Plant: _____ Date planted: _____

Type: _____

Purchase location: _____

Seeds or seedling: _____

Fertilizer used: _____

Watering: _____

Pests: _____

Bloom or fruit date: _____ Harvest date: _____

Yield: _____

PLANT HISTORY: YEAR 2

Plant: _____ Date planted: _____

Type: _____

Purchase location: _____

Seeds or seedling: _____

Fertilizer used: _____

Watering: _____

Pests: _____

Bloom or fruit date: _____ Harvest date: _____

Yield: _____

PLANT HISTORY: YEAR 3

Plant: _____ Date planted: _____

Type: _____

Purchase location: _____

Seeds or seedling: _____

Fertilizer used: _____

Watering: _____

Pests: _____

Bloom or fruit date: _____ Harvest date: _____

Yield: _____

PLANT HISTORY: YEAR 4

Plant: _____ Date planted: _____

Type: _____

Purchase location: _____

Seeds or seedling: _____

Fertilizer used: _____

Watering: _____

Pests: _____

Bloom or fruit date: _____ Harvest date: _____

Yield: _____

PLANT HISTORY: YEAR 1

Plant: _____ Date planted: _____

Type: _____

Purchase location: _____

Seeds or seedling: _____

Fertilizer used: _____

Watering: _____

Pests: _____

Bloom or fruit date: _____ Harvest date: _____

Yield: _____

PLANT HISTORY: YEAR 2

Plant: _____ Date planted: _____

Type: _____

Purchase location: _____

Seeds or seedling: _____

Fertilizer used: _____

Watering: _____

Pests: _____

Bloom or fruit date: _____ Harvest date: _____

Yield: _____

PLANT HISTORY: YEAR 3

Plant: _____ Date planted: _____

Type: _____

Purchase location: _____

Seeds or seedling: _____

Fertilizer used: _____

Watering: _____

Pests: _____

Bloom or fruit date: _____ Harvest date: _____

Yield: _____

PLANT HISTORY: YEAR 4

Plant: _____ Date planted: _____

Type: _____

Purchase location: _____

Seeds or seedling: _____

Fertilizer used: _____

Watering: _____

Pests: _____

Bloom or fruit date: _____ Harvest date: _____

Yield: _____

PLANT HISTORY: YEAR 1

Plant: _____ Date planted: _____

Type: _____

Purchase location: _____

Seeds or seedling: _____

Fertilizer used: _____

Watering: _____

Pests: _____

Bloom or fruit date: _____ Harvest date: _____

Yield: _____

PLANT HISTORY: YEAR 2

Plant: _____ Date planted: _____

Type: _____

Purchase location: _____

Seeds or seedling: _____

Fertilizer used: _____

Watering: _____

Pests: _____

Bloom or fruit date: _____ Harvest date: _____

Yield: _____

PLANT HISTORY: YEAR 3

Plant: _____ Date planted: _____

Type: _____

Purchase location: _____

Seeds or seedling: _____

Fertilizer used: _____

Watering: _____

Pests: _____

Bloom or fruit date: _____ Harvest date: _____

Yield: _____

PLANT HISTORY: YEAR 4

Plant: _____ Date planted: _____

Type: _____

Purchase location: _____

Seeds or seedling: _____

Fertilizer used: _____

Watering: _____

Pests: _____

Bloom or fruit date: _____ Harvest date: _____

Yield: _____

PLANT HISTORY: YEAR 1

Plant: _____ Date planted: _____

Type: _____

Purchase location: _____

Seeds or seedling: _____

Fertilizer used: _____

Watering: _____

Pests: _____

Bloom or fruit date: _____ Harvest date: _____

Yield: _____

PLANT HISTORY: YEAR 2

Plant: _____ Date planted: _____

Type: _____

Purchase location: _____

Seeds or seedling: _____

Fertilizer used: _____

Watering: _____

Pests: _____

Bloom or fruit date: _____ Harvest date: _____

Yield: _____

PLANT HISTORY: YEAR 3

Plant: _____ Date planted: _____

Type: _____

Purchase location: _____

Seeds or seedling: _____

Fertilizer used: _____

Watering: _____

Pests: _____

Bloom or fruit date: _____ Harvest date: _____

Yield: _____

PLANT HISTORY: YEAR 4

Plant: _____ Date planted: _____

Type: _____

Purchase location: _____

Seeds or seedling: _____

Fertilizer used: _____

Watering: _____

Pests: _____

Bloom or fruit date: _____ Harvest date: _____

Yield: _____

PLANT HISTORY: YEAR 1

Plant: _____ Date planted: _____

Type: _____

Purchase location: _____

Seeds or seedling: _____

Fertilizer used: _____

Watering: _____

Pests: _____

Bloom or fruit date: _____ Harvest date: _____

Yield: _____

PLANT HISTORY: YEAR 2

Plant: _____ Date planted: _____

Type: _____

Purchase location: _____

Seeds or seedling: _____

Fertilizer used: _____

Watering: _____

Pests: _____

Bloom or fruit date: _____ Harvest date: _____

Yield: _____

PLANT HISTORY: YEAR 3

Plant: _____ Date planted: _____

Type: _____

Purchase location: _____

Seeds or seedling: _____

Fertilizer used: _____

Watering: _____

Pests: _____

Bloom or fruit date: _____ Harvest date: _____

Yield: _____

PLANT HISTORY: YEAR 4

Plant: _____ Date planted: _____

Type: _____

Purchase location: _____

Seeds or seedling: _____

Fertilizer used: _____

Watering: _____

Pests: _____

Bloom or fruit date: _____ Harvest date: _____

Yield: _____

PLANT HISTORY: YEAR 1

Plant: _____ Date planted: _____

Type: _____

Purchase location: _____

Seeds or seedling: _____

Fertilizer used: _____

Watering: _____

Pests: _____

Bloom or fruit date: _____ Harvest date: _____

Yield: _____

PLANT HISTORY: YEAR 2

Plant: _____ Date planted: _____

Type: _____

Purchase location: _____

Seeds or seedling: _____

Fertilizer used: _____

Watering: _____

Pests: _____

Bloom or fruit date: _____ Harvest date: _____

Yield: _____

PLANT HISTORY: YEAR 3

Plant: _____ Date planted: _____

Type: _____

Purchase location: _____

Seeds or seedling: _____

Fertilizer used: _____

Watering: _____

Pests: _____

Bloom or fruit date: _____ Harvest date: _____

Yield: _____

PLANT HISTORY: YEAR 4

Plant: _____ Date planted: _____

Type: _____

Purchase location: _____

Seeds or seedling: _____

Fertilizer used: _____

Watering: _____

Pests: _____

Bloom or fruit date: _____ Harvest date: _____

Yield: _____

PLANT HISTORY: YEAR 1

Plant: _____ Date planted: _____

Type: _____

Purchase location: _____

Seeds or seedling: _____

Fertilizer used: _____

Watering: _____

Pests: _____

Bloom or fruit date: _____ Harvest date: _____

Yield: _____

PLANT HISTORY: YEAR 2

Plant: _____ Date planted: _____

Type: _____

Purchase location: _____

Seeds or seedling: _____

Fertilizer used: _____

Watering: _____

Pests: _____

Bloom or fruit date: _____ Harvest date: _____

Yield: _____

PLANT HISTORY: YEAR 3

Plant: _____ Date planted: _____

Type: _____

Purchase location: _____

Seeds or seedling: _____

Fertilizer used: _____

Watering: _____

Pests: _____

Bloom or fruit date: _____ Harvest date: _____

Yield: _____

PLANT HISTORY: YEAR 4

Plant: _____ Date planted: _____

Type: _____

Purchase location: _____

Seeds or seedling: _____

Fertilizer used: _____

Watering: _____

Pests: _____

Bloom or fruit date: _____ Harvest date: _____

Yield: _____

PLANT HISTORY: YEAR 1

Plant: _____ Date planted: _____

Type: _____

Purchase location: _____

Seeds or seedling: _____

Fertilizer used: _____

Watering: _____

Pests: _____

Bloom or fruit date: _____ Harvest date: _____

Yield: _____

PLANT HISTORY: YEAR 2

Plant: _____ Date planted: _____

Type: _____

Purchase location: _____

Seeds or seedling: _____

Fertilizer used: _____

Watering: _____

Pests: _____

Bloom or fruit date: _____ Harvest date: _____

Yield: _____

PLANT HISTORY: YEAR 3

Plant: _____ Date planted: _____

Type: _____

Purchase location: _____

Seeds or seedling: _____

Fertilizer used: _____

Watering: _____

Pests: _____

Bloom or fruit date: _____ Harvest date: _____

Yield: _____

PLANT HISTORY: YEAR 4

Plant: _____ Date planted: _____

Type: _____

Purchase location: _____

Seeds or seedling: _____

Fertilizer used: _____

Watering: _____

Pests: _____

Bloom or fruit date: _____ Harvest date: _____

Yield: _____

PLANT HISTORY: YEAR 1

Plant: _____ Date planted: _____

Type: _____

Purchase location: _____

Seeds or seedling: _____

Fertilizer used: _____

Watering: _____

Pests: _____

Bloom or fruit date: _____ Harvest date: _____

Yield: _____

PLANT HISTORY: YEAR 2

Plant: _____ Date planted: _____

Type: _____

Purchase location: _____

Seeds or seedling: _____

Fertilizer used: _____

Watering: _____

Pests: _____

Bloom or fruit date: _____ Harvest date: _____

Yield: _____

PLANT HISTORY: YEAR 3

Plant: _____ Date planted: _____

Type: _____

Purchase location: _____

Seeds or seedling: _____

Fertilizer used: _____

Watering: _____

Pests: _____

Bloom or fruit date: _____ Harvest date: _____

Yield: _____

PLANT HISTORY: YEAR 4

Plant: _____ Date planted: _____

Type: _____

Purchase location: _____

Seeds or seedling: _____

Fertilizer used: _____

Watering: _____

Pests: _____

Bloom or fruit date: _____ Harvest date: _____

Yield: _____

HOW DOES YOUR GARDEN GROW?

Take photos of your garden and paste them on the following pages so you can see the beautiful progress it makes from year to year.

CREATE-YOUR-OWN INDEX

Use the blank spaces on these pages to write in your own index entries for the plants you're tracking.